August Löwenstimm

Der Fanatismus als Quelle der Verbrechen

August Löwenstimm

Der Fanatismus als Quelle der Verbrechen

ISBN/EAN: 9783743627291

Hergestellt in Europa, USA, Kanada, Australien, Japan

Cover: Foto ©ninafisch / pixelio.de

Weitere Bücher finden Sie auf **www.hansebooks.com**

Der
Fanatismu

als

Quelle der Verbrechen

Von

Aug. Löwenstimm,u

kaiserl. Hofrat im Justizministerium in St. Petersbur

———◦—◦—◆—◦—◦———

Berlin 1899.

Verlag von Johannes Räde.

(Stuhr'sche Buchhandlung.)

Der II. Band des Archives für Kriminalanthropologie und Kriminalistik, Verlag von F. C. W. Vogel in Leipzig, Preis 12 Mk., beginnt mit einer Arbeit des Herrn

Professor Dr. Hanns Groß

Die Gaunerzinken

der

Freistädter Handschrift.

Inhaltsverzeichnis:

Diese aus den 20er Jahren stammende Freistädter Handschrift ist dem Grazer Kriminalmuseum vor einiger Zeit vom k. k. Bezirksgericht Freistadt in Oberösterreich zum Geschenk gemacht worden. Das ursprünglich sichtlich sorgsam geordnete Manuskript, welches durch irgend welche Umstände in die größte Unordnung geraten war, hat Prof. Groß einer mühevollen Umordnung unterzogen. Diese nähere Prüfung ergab, daß die Handschrift eine überaus reichhaltige, jedenfalls sehr mühsam zusammengetragene Sammlung von Ausdrücken der Gaunersprache, vor allen Dingen aber eine überraschend reiche Sammlung von über 1700 Gaunerzinken enthält, welche der Arbeit auf lithographischen Tafeln beigegeben ist. Zweifellos wird hier weiten Kreisen eine Arbeit zugängig gemacht, die für kriminalanthropologisches Gebiet von großer Bedeutung ist, und für deren Veröffentlichung wir Herrn Prof. Groß Dank schulden.

Der Fanatismus

als

Quelle der Verbrechen.

Von

Aug. Löwenstimm,

kaiserl. Hofrat im Justizministerium in St. Petersburg.

———

Berlin 1899.

Verlag von Johannes Räde.

(Stuhr'sche Buchhandlung.)

Motto:

Der Fanatismus ist ein ansteckendes
Uebel, das sich unter den verschiedensten
Formen verbreitet und am Ende gegen
uns alle wütet.   Heine.

Kein Verbrechen läßt sich durch religiöse
Irrlehren entschuldigen.

Allerh. Bef. Kaif. Aley. II. v. 28. Okt. 1859.

Das Studium des Aberglaubens in seinem Verhältnis
zum Strafrechte lenkte unwillkürlich meine Aufmerksamkeit
auf den Fanatismus, da beide Begriffe nahe bei einander
liegen. Der Begriff des Aberglaubens ist ein weiter, denn
er äußert sich in der Beurteilung der verschiedensten Dinge,
während der Fanatismus sich nur auf Fragen des Glaubens
bezieht. Unter diesem letzteren Worte verstehen wir die
Verstärkung des religiösen Gefühls, welches sich bis zur
Extase steigern kann. Es ist aber begreiflich, daß diese
Verstärkung eines Gefühls zum Schaden der anderen und
namentlich der geistigen Interessen eines Menschen dessen
normale Entwickelung erschüttern muß. Infolge einer solchen
Einseitigkeit entsteht die Intoleranz der fremden Überzeugung
in Sachen des Glaubens; der Wunsch, seine eigene Seele
zu retten, steigert sich zu einer solchen Kraft, daß zur Er=
reichung dieses Zieles die größten Verbrechen begangen
werden.

Nun schien es mir, daß es eine lohnende Arbeit sein
würde, eine Reihe von derartigen Prozessen durchzusehen

und die gewonnenen Thatsachen mit Hülfe hervorragender ethnographischer und theologischer Werke zu erläutern. Ich glaubte, daß es auf diese Weise möglich sein würde, zur Klärung der Frage beizutragen, in wiefern der Fanatismus eine Quelle des Verbrechens sein könne. Die russischen Verhältnisse bieten für ein solches Studium ein ziemlich reiches Material. Aberglaube und Fanatismus wurzeln in der Unwissenheit des Volkes. Da aber bei uns in Rußland die Bildung des Bauern noch stark zurückgeblieben ist, so entstehen manchmal schauerliche Blüten. Auch in den hoch zivilisierten Staaten Europas macht das Treiben mystischer Sekten oft genug von sich reden und zwingt die Regierung, energische Maßregeln zu ergreifen. Aber Dank der hohen Kultur der Völker sind derartige Erscheinungen in Westeuropa selten. In Rußland dagegen existieren eine Unmasse von Sekten mit so bizarren Dogmen, daß das Verbrechen geradezu auf ihrer Fahne geschrieben steht. Trotz aller Unkultur der russischen Sektierer läßt sich dennoch hin und wieder eine gewisse Ähnlichkeit zwischen ihren Ideen und den Ideen der deutschen Mystiker nachweisen. Infolge dessen glaube ich, daß meine Arbeit über dieses Thema für jeden Kriminalisten ein gewisses Interesse haben kann.

I.

Mystiker und Pietisten.

Quem deus vult perdere dementat.

Bevor wir zu den einzelnen russischen Sekten übergehen, wollen wir in Kürze einige ältere Verbrechen in Erinnerung bringen, welche in verschiedenen Staaten Europas begangen wurden. Diese besitzen sowohl für den Arzt, wie für den Juristen eine sehr große Bedeutung, weil jedesmal die Frage über Zurechnung der Angeklagten entschieden werden muß.

Wir beginnen mit einem alten französischen Prozeß. In den Jahren 1756 bis 1760 existierte in Paris die Sekte der Konvulsionisten, deren Mitglieder sich den schauderhaftesten Qualen hingaben in dem Wahn, dem Beispiele des Heilandes nachzueifern, welcher zum Wohle der Menschheit am Kreuze gestorben ist. An der Spitze der Gesellschaft standen ein gewisser de la Barre, Advokat aus Rouen, und der Pater Cottu. Jedem von ihnen war eine Reihe von Schwestern koordiniert, welche sich von den beiden Herren die schauder= haftesten Martern gefallen ließen. An jedem Karfreitag wurden eine oder mehrere Schwestern ans Kreuz geschlagen und manches Mal über eine Stunde lang dieser Marter ausgesetzt. Jeder Gräuel hat aber ein Ende. Am Kar=

1*

freitag 1760 wurde die ganze Gesellschaft von der Polizei
überrascht. De la Barre wurde ins Gefängnis abgeführt;
beim Verhör bestand er darauf, daß er seine Pflicht erfüllt
hätte. Die Schwestern änderten aber ihre Meinung, sobald
man sie von seinem Einflusse befreit hatte, und erklärten,
daß man sie auf die schauderhafteste Weise hintergangen
hätte[1].

Bevor wir von Frankreich zu Deutschland übergehen,
müssen wir bemerken; daß eine unerwartete Entwickelung
des Pietismus in einer gewissen Gegend gewöhnlich mit
einem Unglück endet. Als Beispiel mögen folgende Fälle
dienen:

Im Anfange dieses Jahrhunderts entstand im Städtchen
Ampelswang (Österreich) die Sekte der Pöschelianer. Die
Gründer waren die Pfarrer Pöschel und Gosner, welche
predigten, daß Christus in uns selber wohne; unser Herz
sei entweder ein Tempel Gottes oder eine Werkstätte des
Bösen. Wenn man das Herz eines Menschen aus der Brust
nehmen würde, dann könnte man deutlich sehen, wer darin
herrsche, Satan oder der Heiland. Mit derartigen Reden
brachten beide Pfarrer die Gemeinde in Aufregung, wobei
sie den Bauern erklärten, daß das Ende der Welt bevorstehe,
und daß alle Juden die Taufe annehmen würden. Die
Gärung in der Ortschaft nahm eine solche Stärke an, daß
die Regierung sich genötigt sah, die beiden Pfarrer zu ent=
fernen. Aber das Unglück war schon in der Nähe. Die
Bauern waren so an pietistische Übungen gewöhnt, daß sie

[1] Correspondance littéraire, philosophique et critique par le
Baron de Grimm et par Diderot. B. III. Paris 1823.

ohne täglichen Gottesdienst nicht auskommen konnten. In=
folgedessen erwählten sie an Stelle der Pfarrer den Bauern
Joseph Haas zum Prediger. Am Grünen Donnerstag
des Jahres 1817 war die ganze Gemeinde zum Gebet ver=
sammelt, nur ein altes Ehepaar fehlte. Nun durchzuckte
die Anwesenden der Gedanke: wir alle sind versammelt,
weil Christus in unserem Herzen thront; diejenigen aber,
welche nicht zum Gebet kommen, sind vom Teufel besessen.
Von diesem Gedanken beherrscht, eilte der ganze Haufen zum
Hause der Alten. Mit Gewalt wurden sie aus dem Bette gezerrt
und mit Knüppeln totgeschlagen. Außer den Eltern fiel auch
ihr Kind, ein Mädchen von 12 Jahren, dem Volke zum Opfer.

Der nächste Tag war Karfreitag. Beim Gebet ent=
stand die Frage: Christus hat sich für die Menschheit
geopfert, ist es gut, wenn sich jemand von den Brüdern
oder Schwestern für die Gemeinde opfern wird? Die
Frage wurde sogleich bejaht, und durch das Loos wurde
ein junges Mädchen von 18 Jahren, Anna Götzinger, zum
Tode bestimmt. Mit Freude ergab sie sich in ihr Schicksal
und ließ sich ruhig ans Kreuz schlagen. Ihre Qualen erregten
das Mitleid eines Burschen, welcher ihrem Leben durch
einen Schlag auf den Kopf ein Ende machte. Nach dem
Tode öffneten die Wahnsinnigen ihren Leib, um im Herzen
die Spuren Jesu Christi zu suchen.

Bei dieser Beschäftigung wurden sie von der Polizei
überrascht. Die Untersuchung dauerte 14 Monate und wurde
niedergeschlagen, weil das Gericht die Angeklagten für un=
zurechnungsfähig erkennen mußte.

Viel bekannter ist das Verbrechen, welches sich im Jahre
1823 im schweizerischen Dorfe Wildenspuch (Kanton Zürich)

abspielte. ¹) Auch dort war ein pietistischer Kreis, aber an
der Spitze desselben stand nicht der Pfarrer der Gemeinde,
sondern eine Bäuerin Margarethe Peter. Dieselbe genoß
bei ihrer Familie und allen ihren Bekannten eine sehr große
Achtung, weil sie die dunkelsten Stellen der Bibel zu kommen=
tieren verstand und, wie sie erzählte, des Nachts mit dem
Teufel um die Seele ihrer Mitmenschen rang. Den 12.
März rief sie ihre Anhänger zusammen und begann, den
Teufel aus dem Hause ihres Vaters auszutreiben, indem
sie mit Beilen und Äxten Dielen und Wände auf die
energischste Weise bearbeitete. Der furchtbare Spektakel
lockte die Nachbarn herbei, welche mit Hülfe der Polizei
die Thüren einstießen und ins Haus drangen. Das Bild,
welches sie erblickten, war schauderhaft: Wände, Dielen, Tische,
Stühle — alles war zerhackt und zerbrochen. Die Ein=
wohner waren in furchtbarer Extase und konnten blos mit
Gewalt aus dem Hause entfernt werden. Nach einigen
Tagen wurden sie wieder in Freiheit gesetzt, da die Polizei
annahm, daß sie sich beruhigt hatten.

Aber kaum waren die Sektierer aus dem Gewahr=
sam entlassen, als sie sich von neuem im Hause der
Peter versammelten. Margarethe erklärte, daß jetzt
erst der Kampf mit dem Teufel beginne, sie müsse ihn
austreiben, aber nicht aus den Wänden des Hauses,
sondern aus lebenden Menschen. Zu gleicher Zeit begann
sie mit einem Stock auf ihre Verwandten loszuschlagen.

— — —

¹) J. L. Meyer, Schwärmerische Gräuelscenen oder Kreuzi-
gungs-Geschichte einer religiösen Schwärmerin in Wildenspuch,
Kanton Zürich. 1824.

Von den unsinnigen Schlägen floß das Blut der Armen über Gesicht und Kleider, aber kein Mensch wagte zu widersprechen, denn Margarethe schrie, daß sie deutlich sehe, wie der Teufel aus ihren Körpern entweiche. Nachdem dieses schauderhafte Spiel eine Zeitlang gedauert, erklärt die Prophetin ihrer Schwester Elisabeth, daß sie sterben müsse, um die Seelen vieler Christen, namentlich aber ihrer Verwandten, zu retten. Elisabeth gehorchte ohne weiteres. Sie wurde in ein Bett gelegt und mit einer Axt getötet. Darauf befahl Margarethe, daß man sie selber kreuzige. Die Gemeinde zauderte. Aber Margarethe erklärte, es sei keine Gefahr: jetzt müsse sie sterben, aber in 3 Tagen würde sie, nach dem Beispiel des Heilandes, auferstehen und ihre Schwester erwecken. Nach langem Zaudern, mit Thränen in den Augen, gehorchten die Anwesenden. Margarethe wurde in ihrem Bette gekreuzigt: die Hände wurden an den Bettwänden festgenagelt, die Füße an Holzklötzen, welche ins Bett hineingelegt wurden. Nachdem sie eine ganze Stunde diese Qual ausgestanden hatte, befahl sie, daß man ihr den Schädel spalte. Als dieses Unglück geschehen, ließ sich die Gemeinde zum Gebet nieder. Drei volle Tage standen die Wahnsinnigen an den Leichen der unglücklichen Mädchen und warteten auf die Erweckung der Märtyrer. Endlich entschloß sich Johann Peter, der Vater der Verstorbenen, den Behörden von dem Unglück Anzeige zu erstatten. Das Urteil des Gerichtes von Zürich war sehr hart. Alle Personen, welche die Befehle der Margarethe ausgeführt hatten, wurden zu Zuchthaus von 6—16 Jahren verurteilt. Das Haus, in dem sich die Gräuelscenen abgespielt hatten, wurde niedergerissen, weil die Pietisten der Umgegend scharenweis herbeizogen, um am Grabe der Märtyrer zu beten.

Auch die neuere Zeit ist nicht frei von solchen Ver=brechen. In Chemnitz (Königreich Sachsen) wurde in den 60er Jahren vom Schuster Voigt ein religiöser Verein gestiftet unter den Namen „heilige Männer“. Im Jahre 1865 überredeten die Mitglieder dieses Vereins zwei Mütter, ihre kranken Kinder abzuschlachten, weil dieselben vom Teufel besessen wären.[1])

Im Jahre 1875 geschah eine ebenso furchtbare That im Städchen Vasarhely in Ungarn.[2]) Der Müller Szabo wurde auf seine alten Tage ungemein fromm und trat in die Sekte der Nazarener ein. Er begann seine Sünden zu bereuen und seinen Klienten das Korn zurückzuerstatten, welches er ihnen beim Mahlen gestohlen hatte. Aber alle seine Gebete und Thaten erschienen ihm ungenügend, um seine Missethaten zu sühnen. Daher beschloß er, sein eigenes Kind zu ermorden. Nachdem er lange Zeit im Gebet ge=legen, erschlug er den Knaben mit der Axt. Beim Verhör gestand er, daß er gehofft hatte, der Herr werde sein Opfer nicht annehmen. Da aber vom Himmel keine Stimme erschallte, so mußte sein Kind sterben. Der Gerichtshof sprach sich im Urteil dahin aus, daß Szabo sein Verbrechen zwar in religiöser Schwärmerei begangen habe, aber voll=ständig zurechnungsfähig sei. Infolgedessen wurde er zu Zuchthaus auf 10 Jahre verurteilt.

---

[1]) Strack, Der Blutaberglaube p. 66 (nach Scherrs Kultur=geschichte).

[2]) Henne am Rhyn, Die Schmach der modernen Kultur, p. 55.

Wenn wir zu den russischen Verhältnissen übergehen, so werden wir ebenso traurige Thaten zu verzeichnen haben. [1]

Am Anfang der 70er Jahre dieses Jahrhunderts lebte in Irkutsk ein Altgläubiger, welcher nach langem Studium der Heiligen Schrift zur Überzeugung gekommen war, daß man, um eine Seele zu retten, nach dem Beispiele des Heilandes am Kreuze sterben müsse. Nachdem er sich durch Gebet und Fasten zum Tode vorbereitet hatte, nagelte er sich eigenhändig ans Kreuz und stützte seine rechte Seite auf eine Lanze, um das Gleichgewicht zu bewahren. Die Lanze fiel aber zur Erde, und der Alte blieb an der linken Hand hängen. In diesem Zustande fanden ihn seine Hausgenossen.

In den 30er Jahren geschah im Gouvernement Perm ein schauderhaftes Verbrechen. Ein Bauer opferte seine Kinder und verbarg die Leichen in einem Ameisenhaufen. — Im Gouvernement Wladimir mordete ein Bauer, mit Namen Nikitin, seine beiden Kinder. Während die armen Kleinen unter dem Messer des Vaters verbluteten, las die Mutter das Kapitel der Bibel über das Opfer Abrahams.

Die unsinnigste von allen derartigen blutigen Thaten war ein Mord im Gouvernement Tamboff (1854). Ein Bauer kam zur Überzeugung, daß man eine Seele nur in dem Falle retten könne, wenn man ein Verbrechen zu bereuen hätte. Unter dem Einfluß dieses absurden, egoistischen Gedankens beschloß er, einen Mord zu begehen. Zwei Jahre

---

[1] Prugawin, Die Selbstvernichtung der russischen Sektierer (Russkaia Mißl. 1885. Heft 1—3).

wartete er auf eine Gelegenheit; endlich erschlug er einen
Nachbar mit der Axt.

Wenn wir einen Rückblick auf alle diese dunklen, blutigen
Thaten werfen, dann müssen wir uns wundern, welch un=
seligen Einfluß die Heilige Schrift auf den ungebildeten
Menschen ausüben kann. Die zehn Gebote, die Lehre des
Heilandes von der Liebe zu seinem Nächsten sind vergessen,
und nur die dunklen Seiten, welche von der Sünde, dem
Opfer und der Sühne reden, ziehen die Aufmerksamkeit der
Mystiker auf sich. Am liebsten lesen sie die allerdunkelsten
Kapitel, z. B. die Propheten Daniel und die Offenbarung
Johannis, Stellen, welche den genialsten Theologen Schwierig=
keiten machen, werden von Subjekten wie Margarethe Peter
auf die verrückteste Weise gedeutet.

Zum Schluß dieser Abteilung wollen wir noch ein Faktum
aus der englischen Praxis anführen. [1] — Vor einigen
Monaten hatte sich ein gewisser Henry Marsk vor dem
Zentralkriminalgerichtshof in London für fahrlässigen Tod=
schlag seines eigenen Kindes zu verantworten. Der Angeklagte
gehört zu der Sekte der „Sonderbaren Leute" (Peculiar
People), welche sich weigern in Krankheitsfällen ärztliche
Hülfe anzunehmen. In vorliegendem Falle wurde Marsk
angeklagt, den Tod seines Kindes veranlaßt zu haben, welches
an einer Lungenentzündung erkrankt war und vom Vater
ohne ärztliche Hülfe gelassen wurde. Der sachverständige
Physikus sprach sich in seinem Gutachten dahin aus, daß
das Leben des Kindes durch geeignete Behandlung hätte
gerettet werden können. Der Angeklagte erklärte aber ganz

---

[1] Allgemeine Zeitung (München) 1898, Nr. 176.

offen, daß seine religiösen Anschauungen ihn verhinderten, sich in die Fügungen der Vorsehung dadurch einzumischen, daß er die Hülfe der medizinischen Wissenschaft anriefe. Den Geschworenen wollte aber die Richtigkeit dieser konfusen Ideen nicht einleuchten und sie erklärten den Angeklagten des unvorsätzlichen Todschlags schuldig.

II.

Die Wanderer und Verneiner.

— —

Im 1. Kapitel haben wir eine Reihe von Verbrechen
beschrieben, welche aus fanatischen Anschauungen begangen
wurden. Aber einzelne dieser Ideen, wie z. B. der Opfer=
wahn, wurzelten nicht immer in den Lehren einer ganzen
Sekte, sondern entsprangen dem überreizten Gehirne eines
einzelnen fanatischen Egoisten. Jetzt wollen wir zu den
russischen Sekten übergehen, welche den Kampf mit den
ewigen Gesetzen der Menschheit proklamieren und aufnehmen.
Die Kenntnis ihres Lebens und ihrer Verbrechen ist von
größerer Wichtigkeit, weil jede gröbere Missethat die Regierung
zwingen kann, nicht nur dem Angeklagten sein Urteil zu
sprechen, sondern gegen die ganze Sekte strenge Maßregeln
zu ergreifen. Bevor wir aber mit unserem Thema beginnen,
halten wir eine allgemeine Bemerkung für notwendig. Die
Zahl der russischen Sektierer ist eine sehr bedeutende. Aber
lange nicht alle haben ein Interesse für den Kriminalisten.
Den größten Teil der Sektanten bilden die sogenannten
Altgläubigen (Raskolniki oder Schismatiker). Sie haben
offizielle Priester, sie erkennen die Sakramente an und lesen
bei der Messe das Gebet für den Zaren. Ihr Streit mit

der Landeskirche ist ein formeller und datiert aus dem XVII. Jahrhundert, als der Patriarch Nikon die Bibelrevision vornehmen ließ, um die Schreibfehler auszumerzen, welche rohe Kopisten in den Text des heiligen Buches hineingebracht hatten. Unter dem Volke waren viele mit dieser Reform unzufrieden; sie lösten sich von der Kirche und zelebrierten die Messe bis zum heutigen Tage nach den alten Büchern, welche voller Fehler sind. Nun haben sich aber unter den Altgläubigen im Laufe der Jahre eine ganze Reihe von Strömungen herausgestellt. Die Proteste gegen die geltende Religion und Staatsverfassung wurden immer schärfer, und zuletzt haben sich Sekten gebildet, welche alle Grundzüge des modernen Staates bestreiten. Diese letzten führen den Sammelnamen „priesterlose", denn sie haben keine offiziellen Priester, der Vorbeter aber wird unter den Mitgliedern der Gemeinde gewählt.

Eine der interessantesten von diesen Sekten bilden die „Wanderer" [1]. Diese Fanatiker lehren, daß im russischen Reich und in der russischen Kirche nicht der Zar, sondern der Antichrist herrsche. Infolgedessen darf man nicht in den Städten und Dörfern wohnen, wo überall das Siegel des Bösen aufgedrückt ist. Im Gegenteil, man muß in die Wälder und in die Wüste fliehen, keine Abgaben zahlen, keine Pässe haben, kein Haus und kein Heim besitzen. Dank dieser Irrlehre hat die Sekte auch ihren Namen bekommen. Aber die Verhältnisse sind stärker, als der Wille des

---

[1] Wer kein Russisch liest, kann sich über diese Sekten in folgenden Werken genauer informieren: Eckardt, Russische und baltische Kulturstudien. Leroy-Beaulien, Empire des Tzars.

Menſchen. So fanatiſch die Wanderer auch ſind, aber ſie mußten verſchiedene Konzeſſionen machen, um den Kampf mit dem modernen Staate führen zu können. Da es bei den heutigen Verhältniſſen unmöglich iſt, ohne Obdach, ohne Geld und Stütze auszukommen, ſo entſchloſſen ſich die Gründer der Sekte, ihre Anhänger in zwei Kategorien zu trennen. Den höchſten Grad bilden die „wahren Chriſten", welche Haus und Hof verlaſſen haben und im Lande umher= ziehen; die zweite bilden die wohnenden Chriſten. Dieſe letzteren haben ihr Verhältnis zum Staate nicht abgebrochen, ſie ſind bei der Ortsbehörde angemeldet, beſitzen Haus und Gut, ſind aber verpflichtet, die „wahren Chriſten" auf jede Weiſe zu unterſtützen und ihnen namentlich ein ſicheres Obdach zu gewähren. — Es iſt klar, daß unter derartigen Bedingungen die Sekte ſich aus ziemlich unlauteren Ele= menten zuſammenſetzt. Daher ſind die Häuſer der Wanderer ſo gebaut, daß den „wahren" Chriſten die Möglichkeit ge= boten iſt, ſich vor dem Auge der Obrigkeit zu verbergen. In jedem derartigen Hauſe ſind geheime Kellerräume ein= gerichtet, deren Eingang auf eine intereſſante Art maskiert iſt. Im Gouvernement Kaſan wurde bei einer Unterſuchung konſtatiert, daß die geheime Thür ſich in einem Schranke befand. Alle Regale waren mit Geſchirr beſtellt, mit Aus= nahme des unterſten; wenn man aber dasſelbe anzog, ſo bildete ſich eine Öffnung in der hinteren Wand des Schrankes, durch die man in die Kellerräume gelangen konnte. — In einem anderen Hauſe war der Eingang durch eine Sitzbank maskiert, welche am Speiſetiſch ſtand. Indem man die Bank aufhob, löſte man zu gleicher Zeit ein Brett aus der Diele, an welches die Bank angenagelt

war, und der Eingang zu den geheimen Räumen wurde
sichtbar. Wenn wir hinzufügen, daß aus der Kellerwohnung
lange unterirdische Gänge direkt ins Feld mündeten, so
muß man gestehen, daß derartige Häuser interessante archi=
tektonische Kunstwerke sind. Für Landstreicher und Diebe
sind es natürlich unbezahlbare Schlupfwinkel.

Die Sekte entstand im Gouvernement Jaroslaf. Jetzt
ist sie sehr verbreitet im hohen Norden, in Sibirien und
an der Wolga. Hin und wieder findet man die Wanderer
auch im Süden, aber selten.

Charakteristisch ist ihre Geschichte. Die Sekte entstand
in den 40er Jahren. Die Regierung erfuhr von ihrer
Existenz erst im Jahre 1849, als bei der Untersuchung gegen
die Räuberbande, an deren Spitze die Strolche Paul und
Abraham standen, genau nachgewiesen wurde, daß alle
Mitglieder der Bande der neuen Lehre anhingen.

Aber abgesehen von den dunklen Existenzen, welche unter
den Wanderern so zahlreich vertreten sind, ist die Kenntnis
ihres Lebens für den Juristen auch aus einem anderen
Grunde notwendig.

In der letzten Zeit ist man auf die Totenbestattung bei
diesen Fanatikern aufmerksam geworden. Der Verstorbene
verschwindet ohne Sang und Klang aus der Familie; wenn
Bekannte oder Nachbarn zufällig nach ihm fragen, so er=
folgt die stereotype Antwort: „er ist auf der Wallfahrt".
Nun wurden aber in den umliegenden Wäldern, Sand=
gruben und Steinbrüchen öfters Leichen gefunden, welche
in saubere Leinen und Baste eingewickelt und mit Laub
und Reisig zugedeckt waren. Bei der Untersuchung gelang
es gewöhnlich die Person des Verstorbenen festzustellen; es

erwies sich jedesmal, daß er zur Sekte der Wanderer ge=
hört hatte. Die Ursache des Todes konnte nicht konstatiert
werden, weil die Verwesung der Leiche gewöhnlich bereits
zu stark vorgeschritten war. Zu gleicher Zeit verbreitete
sich das Gerücht, daß die Wanderer ihre sterbenden Mit=
glieder erwürgen, um ihre Seele zu retten. Namentlich die
wohnenden Christen müssen vor dem Tode diese Marter
erdulden, weil sie es im Leben besser gehabt hätten, als die
richtigen Wanderer. Der Mord geschieht unter folgenden
Umständen: Der Kranke reinigt seinen Körper und wird
in weiße Kleider gehüllt. Darauf legt man den Sterben=
den in die Ecke des Zimmers, wo die Heiligenbilder an
der Wand hängen, und dann wird er umgebracht, indem
ihn einer von den Mitgliedern der Gemeinde ein Kissen
auf das Gesicht legt und sich auf dasselbe hinsetzt. Diese
Art von Mord heißt beim Volke der rote Tod, weil das
Kissen und das Hemd des Henkers von roter Farbe sind.

Die ganze schauderhafte Prozedur kam in der Litteratur
im Jahre 1883 zum erstenmal zur Sprache; aber lange
Zeit hielt man diese Erzählung für eine grobe Erfindung
des Volkes. Leider hat sich diese Nachricht in der letzten
Zeit bestätigt.

Den 10. September 1895 wurde im Gouvernement
Wladimir im Walde am Dorfe Sibicha die Leiche des
Bauern Andreas Sorin gefunden. Der Körper war be=
kleidet, wie oben beschrieben ist. Bei der Obduktion wurde
konstatiert, daß der Tod durch Asphyxie erfolgt ist. Aus
dem Verhör der Frau des Verstorbenen, welche die Anzeige
an die Behörden gemacht hatte, erfuhr man, daß Sorin
nicht in seinem eigenen Hause gestorben ist, sondern bei

einem gewissen Maurin, welcher im Dorf als Haupt der
Wanderer bekannt war. Die Frau aber ist in dieses Haus
nicht hineingelassen worden trotz der Forderung, ihren
sterbenden Mann besuchen zu wollen. Auf Grund dieser
Umstände haben die Geschworenen als bewiesen anerkannt,
daß Sorin aus religiösen Gründen erwürgt worden ist.

Unsere Erzählung von den Wanderern wollen wir mit
einem Prozeß beschließen, aus welchem zu ersehen ist,
bis zu welchem Grade der Fanatismus die Leute ver=
blenden kann.

Im Jahre 1897 wurde im ganzen russischen Reiche die
Volkszählung durchgeführt. Nach dem, was wir von den
Dogmen der Wanderer gesagt haben, konnte man erwarten,
welche Gärung diese Maßregel unter ihnen hervorrufen
würde. Aber es kam ärger, als man erwartet hatte. Im
Norden und Osten des Reiches benutzten die Sektierer alle
Mittel, um den Beamten zu entgehen, wobei ihnen ihre
Häuser vortrefflich zu statten kamen [1]). Im Gouvernement
Cherson hat sich aber ein furchtbares Drama abgespielt.
Im Kreise Teraspol am malerischen Ufer des Dnjestr lebte
auf einem einsamen Hofe eine Bauernfamilie mit Namen
Kowaleff, welche zu den Wanderern gehörte. Als in diese
Gegend das Gerücht gelangte, daß die Beamten jeden
registrieren würden, gerieten alle Einwohner des Hofes in
große Aufregung. Auf den Rat einer wandernden Nonne
Witalia beschloß die ganze Familie und alle Personen,
welche auf dem Bauernhof verpflegt wurden, sich das Leben

---

[1]) Pluffcheffsky, Urteile des Volks über die Volkszählung
vom 20. Januar 1897. St. Petersburg 1898. S. 81.

2

zu nehmen, um dem Siegel des Antichrists zu entgehen.
Nun begann eine Reihe von Selbstmorden. Den 23. De=
zember mußte Fedor Kowaleff unter einem Gebäude eine
Grube graben. In diese Grube stiegen 6 Mann hinein
und wurden von außen zugemauert. Den 27. Dezember
wurden weitere 6 Personen bei lebendigem Leibe begraben.
Den 13. Februar wurden 4 Personen in einer Sandgrube
verschüttet. Sie legten sich ruhig ins Grab nebeneinander,
und während die Schollen auf sie herabfielen, sprachen ihre
zitternden Lippen das Gebet. Endlich am 27. Februar
ging die letzte Gruppe zum Tode. Kowaleff sah, wie seine
Mutter, seine junge Frau mit den kleinen Kindern auf den
Armen, endlich mehrere Nonnen in den Keller unter seinem
Hause herunterstiegen. Er selbst wollte mit ihnen sterben,
aber man zwang ihn, draußen zu bleiben, um die Öffnung
zu vermauern.

Auf diese Weise ist Kowaleff allein auf der Welt ge=
blieben, nachdem er alles gemordet hatte, was ihm teuer
war; 25 Menschen sind in den Tod gegangen — und wes=
halb? ... um einen Wahn! —

Schrecklich ist die Sekte der Wanderer, noch ärger treibt
es die Sekte der Verneiner (Gluchaja Netowschina). Der
Wanderer meidet die Städte, welche vom Antichrist und
seinen Dienern verpestet sind; er flieht in die Wüste, weil
er hofft, dort Erlösung zu finden. Der Verneiner be=
hauptet aber, daß der Böse alles Gute auf Erden ver=
dorben hat. Überall herrscht Sünde und Schande. Die
einzige Rettung ist der Tod. Ein derartiger Pessimismus
trägt natürlich die schauderhaftesten Früchte, und oft genug
hat man von den blutigen Thaten dieser Sektierer zu hören.

Im Gouvernement Wladimir ermordete im Jahre 1868
ein gewisser Michael Kurtin seinen siebenjährigen Knaben,
um ihn vom Fluch der Sünde zu retten. Er selbst über=
lebte sein Kind nur um einige Tage, denn im Gefängnis
verweigerte er die Annahme jeder Nahrung.

Der freiwillige Hungertod ist unter den Verneinern sehr
verbreitet. Noch bis jetzt stößt man in den Wäldern von
Ost=Rußland (Gouvernement Perm und Wjatka) auf kleine
Holzbaracken in Form von Särgen, welche von den Sek=
tierern benutzt werden, um sich zur letzten Ruhe zu legen.
In diesen Baracken fand man öfters sterbende Menschen
oder Leichen, deren Magerkeit deutlich bewies, daß sich die
Unglücklichen freiwillig den Hungertod mit seinen furcht=
baren Qualen erwählt haben, um ins Paradies zu gelangen.

Noch schrecklicher sind einzelne Episoden aus der Ver=
gangenheit dieser Sekte.

Die eine von ihnen spielt im Gouvernement Saratoff
an der Wolga.

Im Jahre 1802 überredete der Bauer Alexei Juschkin
alle seine Bekannten, sich den Tod durch das Feuer zu geben.
80 Mann hörten auf seine unsinnigen Reden und verließen
das Dorf, um in einer Höhle zusammen zu sterben. Glück=
licherweise erfuhren die Nachbarn den schauderhaften Plan
und überraschten die Sektierer. Aber nur mit großer
Mühe gelang es ihnen, die Irrsinnigen von ihrem Vor=
haben abzubringen. Sie waren in einer solchen Extase, daß
einer von ihnen sein Kind erschlug, indem er schrie: „Ich
morde es um Jesu willen".

25 Jahre lebten die Bauern in Ruhe und Frieden, aber
dann brach der Fanatismus von neuem hervor. Als Pro=

phet trat der junge Juschkin auf und hat mit seinen Brand=
reden noch größeres Unglück angerichtet als der Vater.
60 Menschen, darunter ganze Familien, entschlossen sich zu
sterben. Am bestimmten Tage begann ein fürchterliches
Blutbad. Die Männer gingen von Haus zu Haus und
mordeten gegenseitig Weib und Kind. Juschkin selbst stand
in einer Scheune und vollbrachte Henkersdienste. Die Mörder
kamen zu ihm, nachdem sie ihre blutige Arbeit beendigt
hatten. Sie legten freiwillig ihre Häupter auf den Block
und empfingen den Todesstreich. Auf diese Weise verloren
35 Menschen an einem Tage ihr Leben.

Die Geißler.

In Rußland giebt es Sekten, welche
Religion mit nervöser Erregung ver-
wechseln und mehr oder weniger erotischer Natur sind.

Madensie Wallace.

Der Unterschied zwischen den Altgläubigen und den
mystischen Sekten der Geißler (Chlisti oder Leute Gottes)
kann nicht stark genug betont werden. Die Altgläubigen
sind und bleiben Kinder der griechisch-katholischen Kirche,
trotzdem ihre Propheten und Lehrer manchen Unsinn in
die reine Lehre Christi hineingebracht haben. Die Geißler
dagegen haben keine Gemeinschaft mit dem Christentume.
Ihre Überlieferungen sind eine Entstellung des Evangeliums,
ihre Ethik eine Mischung von Asketismus und Unzucht, ihr
Gottesdienst erotische Erregung bis zur Extase.

Die Sekte ist wahrscheinlich im XVII. Jahrhundert
entstanden. Als Gründer wird ein Bauer aus dem Gouvernement Wladimir, Danilo Filipowitsch, genannt.
Derselbe erklärte seinen Gläubigen, er selbst sei Gott Zebaoth,
außer ihm seien keine anderen Götter. Er sei Mensch ge-

worden, um die sündige Welt zu retten. Seine Gebote bestehen aus folgenden Sätzen: trinke keinen Wein, berühre nie ein Weib, der Mann mit der Frau lebe wie Bruder und Schwester; die Lehre der Sekte halte geheim vor jedem Fremden.

Aus dem Gesagten ist zu ersehen, daß die Hauptbasis der Lehre dieser Sekte im Dogma der Menschwerdung ihres Propheten besteht, der auch ihr Gott ist. Im Christentume wird nur der Heiland als Gott und Mensch verehrt, bei den Geißlern ersetzt ihr Prophet den Heiland. Mit der Zeit ist der Gründer der Sekte allmählich vergessen worden, und folgende Sätze kamen zur Geltung: Jeder Mensch, welcher die Gabe der Prophezeiung hat, der kann Prophet werden, jeder Prophet ist aber zu gleicher Zeit der Heiland, der Mensch gewordene Sohn Gottes. Ihn beten sie an, ihm erweisen sie göttliche Ehren, seine Reden ersetzen ihnen das Evangelium. Da aber nervöse Personen leicht in Extase geraten, so kann man sich vorstellen, wie groß die Zahl dieser Heilande ist. Jedes Schiff (Gemeinde) der Geißler hat auch ihren Christus und ihre Madonna. In= folgedessen herrscht unter den Geißlern keine Einigkeit. Was in einer Gemeinde vorgekommen ist, kann der anderen nicht zur Last gelegt werden.

Bis jetzt haben wir bloß den rein theologischen Teil ihrer Lehre berührt. Es war notwendig, weil sonst das Weitere nicht recht verständlich wäre. Jetzt eine rein juristische Bemerkung.

Der § 203 des russischen Strafgesetzbuches spricht von der Zugehörigkeit zu Sekten, welche sich durch blutigen Aberglauben und fanatische Attentate auf eigenes oder

fremdes Leben oder durch andere unmoralische oder ab=
scheuliche Handlungen auszeichnen. Auf Grund dieses
Gesetzesparagraphen werden die Geißler gewöhnlich zur
Verantwortung gezogen. Nun hat das oberste Kassations=
gericht (der Senat) in seinen Urteilen vom 29. April 1892,
8. Juli 1892 und 7. November 1895 entschieden, daß im
Urteile jedesmal festgestellt werden muß, welche von diesen
Handlungen die Mitglieder der aufgehobenen Gemeinde be=
gangen haben. Die Zugehörigkeit zur Sekte an sich ist
kein Grund zur Anwendung des besagten § 203, denn die
Dogmen der einzelnen Schiffe sind lange nicht identisch.

Auf diese Weise ist das Programm der Voruntersuchung
bereits vorgeschrieben. Der Richter hat festzustellen: 1. Zu
welcher Sekte die Angeklagten gehören, und 2. ob dieselben
wirklich blutige oder unmoralische Thaten begangen haben.

Um die zweite dieser Fragen beantworten zu können,
darf man nicht vergessen, was der Volksmund den Geißlern
zur Last legt: sie sollen bei ihrem Abendmahl Menschen=
opfer bringen und bei jeder Versammlung das sechste Ge=
bot verletzen. Diese beiden Fragen sind in der Litteratur
und im Gericht oft genug zur Sprache gekommen[1]).

Vom Abendmahl der Geißler erzählt Paul Melni=
koff, einer der größten Kenner der russischen Sekten,
folgendes: Bei einer Versammlung wählen die Geißler ein
junges Mädchen und erklären ihr, sie sei die Gottesmutter;

---

[1]) Paul Melnikoff, Die weißen Tauben (D. russische Bote.
1869). Reutsky, Die Leute Gottes. Jwanowsky, Die ge=
richtliche Expertise in Sachen der Geißler (Journal des Justiz=
ministeriums. 1897, Nr. 10).

die Gemeinde wünsche mit ihrem Leibe und dem Leibe des Heilandes, den sie gebären würde, das Abendmahl zu nehmen. Falls das Mädchen einwilligt, dann wird sie entkleidet und auf den Ehrenplatz gesetzt. Die Anwesenden beten sie wie eine Göttin an und nach dem Schluß des Gebets werden die Lichter gelöscht und die Orgie beginnt. Falls die Gottesmutter schwanger wird, dann versammelt sich die Gemeinde von neuem. Das Mädchen wird vollständig entkleidet und in eine Tonne gestellt, welche mit Wasser gefüllt ist. Darauf wird ihr die linke Brust abgeschnitten und die klaffende Wunde mit glühendem Eisen gebrannt. Die abgeschnittene Brust wird in kleine Scheiben geschnitten, welche die Geißler verzehren. Später, wenn die Gottesmutter einem Knaben das Leben giebt, dann wird derselbe erstochen und sein Blut beim Abendmahl getrunken, der Leib aber getrocknet und zu Staub zerstoßen. Dieses schauderhafte Pulver wird in den Brotteig geschüttet und verbacken; die Brote aber, welche auf diese Weise gewonnen werden, ersetzen beim Abendmahle den Leib Christi.

Wenn es wirklich wahr ist, daß sich die Geißler derartige Thaten erlauben, dann muß man anerkennen, daß der Kannibalismus in Europa noch lange nicht verschwunden ist. Diese ganze Erzählung ist jedoch äußerst unwahrscheinlich und vollständig unbegründet. Es ist kaum denkbar, daß ein blutjunges und dazu schwangeres Mädchen eine solche Operation vertragen kann. Außerdem darf man nicht vergessen, daß die Folgen dieser Verstümmelung schwer zu verbergen sind. Es vergeht immer eine gewisse Zeit, bis eine derartige Wunde heilt. In den Wäldern und Sümpfen, welche vor Jahrhunderten das Land bedeckten, hätte man solche Schandthaten vielleicht verbergen können, aber nicht jetzt, wo der Landgendarm jedes entlegene Dorf besucht. Da aber ein derartiges Verbrechen gerichtlich nie= mals nachgewiesen wurde, so muß die ganze Erzählung vom Abendmahl der Geißler als Mythe angesehen werden.

Aus dem XVIII. Jahrhundert haben sich freilich die Akten eines Prozesses erhalten, aus dem zu ersehen ist, daß eine Bäuerin aus der Gemeinde der Geißler (damals Quäker genannt) beim peinlichen Verhör gestanden hatte, derartige Gräuelthaten begangen zu haben. Aber beim zweiten Ver= hör nahm sie ihre Aussage zurück und erklärte, daß sie dieses Geständnis abgelegt hätte, um die Folterqualen zu unterbrechen. Wenn wir hinzufügen, daß in diesem Prozeß die meisten Angeklagten in der Folterkammer gestorben sind, so wird man zugeben müssen, daß die Aussage des armen Weibes nicht als Beweis zu betrachten ist. Trotzdem dieses der einzige Prozeß ist, in dem die Frage über das Abend= mahl zur Sprache gekommen ist, finden sich dennoch viele Schriftsteller, welche der Meinung Melnikoffs beitreten. Sogar Pelikan[1]), dessen Werk über die Skopzen und Geißler für klassisch gilt, behauptet, daß die Verstümmelung der Gottesmutter unwahrscheinlich sei, die Ermordung des Knaben aber nicht ganz zu verwerfen ist.

Wenn wir dagegen zur zweiten Anklage übergehen, so müssen wir gestehen, daß die Geißler einen höchst un= moralischen Lebenswandel führen; infolgedessen ist es sehr leicht möglich, daß sich bei ihrem Gottesdienst häßliche Scenen abspielen. Im Prinzip sind sie Asketen, denn sie

---

[1]) Forschungen über das Skopzentum. St. Petersburg. 1875.

verwerfen die Ehe. Da man aber nicht ungestraft die ewigen Gesetze verletzen kann, so entstand bei ihnen ein wüstes Leben, welches sie zum Gespötte des Volkes gemacht hat. Ihr Gottesdienst besteht aus dem Absingen von Liedern und Gebeten, welche von einem obscönen Tanze begleitet werden. Der Tanz bezweckt, die Sinne der Gemeinde derart zu reizen, daß die Propheten in Extase geraten. Um dies zu erreichen, entkleiden sich die Frauen vollständig, und beim Tanz geißeln sich die Mitglieder gegenseitig. Wenn man bedenkt, daß die Sekticrer keine Familie haben, so kann man sich vorstellen, was bei einer solchen Zeremonie vorgeht.

Diese Annahme wird auch vollständig durch Thatsachen bestätigt, welche keinem Zweifel unterliegen.

Im Jahre 1889 wurde im Gericht von Simbirsk gegen gegen den Bauern Melnikoff ein Prozeß geführt. Bei der Untersuchung wurde nachgewiesen, daß der Angeklagte das Oberhaupt einer Gemeinde war, welche das Institut der Ehe verwarf. Nach dem Gottesdienst wurde der Beischlaf im Gebetshaus ausgeübt; Melnikoff selbst nahm stets mehrere Weiber zu sich ins Bett. Auf Grund dieser Thatsachen haben die Geschworenen als bewiesen anerkannt, daß in dieser Gemeinde der Gottesdienst mit unzüchtigen Scenen verbunden war.

Dieser Prozeß giebt uns ein anschauliches Bild vom unschönen Leben der Sekte, der folgende aber hat vom kriminalistischen Standpunkt ein größeres Interesse, weil die Angeklagten ein schweres Verbrechen begangen haben.

Am 13. Juni 1869 wurden in einem Dorfe des Gouvernements Saratow ein Bauer und eine Bäuerin arretiert, weil sie wie rasend durch das Dorf jagten und auf ihre Pferde einhieben. Das Weib war ganz nackt und lenkte den Wagen, der Mann aber hatte als einzige Bekleidung ein Frauenhemd angezogen, und sein Gesicht und Körper waren mit Blut besudelt, welches aus mehreren Wunden floß; dabei waren beide so aufgeregt, daß man sie für trunken oder irrsinnig halten mußte. Es gelang sehr leicht, ihre Personalität festzustellen: der Bauer hieß Stasenkoff und seine Begleiterin Praskowja Kolesnikowa.

Am selben Tage wurde in der Nähe des Dorfes die Leiche eines jungen Mädchens gefunden, an der die furchtbarsten Verletzungen zu sehen waren. Bald kam auch Licht in die Sache.

Das tote Mädchen hieß Schwesowa und gehört zur Sekte der Geißler, ebenso wie Stasenkoff und die Kolesnikowa. Am 29. Juni waren sie alle bei ihrem Propheten Katasonoff gewesen und fuhren zusammen nach Hause. Außer den Dreien saßen im Wagen noch zwei andere Glaubensgenossen: der Bauer Kolesnikoff und ein Mädchen Kowtunowa. Eine Zeitlang fuhren sie ziemlich ruhig. Doch als sie an einem See vorbeifuhren, befahl die Kolesnikowa, welche als Mutter Gottes von ihnen verehrt wurde, die Kowtunowa ins Wasser zu werfen. Das wurde auch sogleich ausgeführt, trotzdem sich die arme Person energisch zur Wehr setzte. Darauf warf sich Stasenkoff gleichfalls auf Befehl der Madonna auf Kolesnikoff und überschüttete ihn mit Hieben. Da der letztere nicht im Stande war, sich zu wehren, so suchte er sein Heil in der Flucht und versteckte sich in einem Graben, von wo er die kommenden Dinge beobachten konnte. Stasenkoff blieb mit den beiden Frauen zurück; alle drei warfen ihre Kleider ab und begannen einen unzüchtigen Tanz, wobei sie sich abwechselnd küßten und schlugen. Der Tanz wurde immer wilder, auf einmal ergriffen Stasenkoff und die Kolejni= kowa das Mädchen und schleppten sie zum Wagen. Dort banden sie die Unglückliche ans Rad, setzten sich in den Wagen und hieben auf die Pferde ein. Nachdem das Mädchen tot war, ließ man ihre Leiche am Wege liegen, und Stasen= koff selbst warf sich unter die Räder. Die Gottesmutter ließ die Pferde zweimal über ihn hinweggehen, dann hob sie den halbohnmächtigen Menschen in den Wagen und eilte mit ihm weiter. Alle diesen grausigen Details sind bei der Untersuchung festgestellt worden; die Angeklagten negierten gar nicht ihre Schuld. Stasenkoff erklärte nur, daß er den Mord begangen hätte in der festen Überzeugung, daß die Gottesmutter im Stande sein würde, die Schwezowa vom Tode zum neuen Leben zu erwecken.

Wir haben diesen Prozeß ausführlich erzählt, weil man höchst selten einen Einblick in das intime Leben der Geißler bekommen kann. Hier haben sich aber die schauderhaftesten Scenen öffentlich abgespielt. Der Tanz am Ufer war eine Fortsetzung der Scenen im Bethause.

Solche Thaten können natürlich nicht straflos hingehen oder durch religiöse Schwärmerei entschuldigt werden. Beide Mörder wurden vom Gericht zu Zwangsarbeiten in Sibirien auf 17 ½ Jahre verurteilt.

Aus dem ganzen Prozeß können wir aber den Schluß machen, daß unser Volk recht hat, wenn es die ganze Sekte der Geißler mit scheelen Augen betrachtet. Professionelle Unzucht unter dem Deckmantel der Religion ist jedem Menschen widerlich.

Am Schluß dieses Kapitels kann eine kleine Parallele
sehr am Platze sein, um zu zeigen, daß die enge Ver=
bindung von erotischer und religiöser Ekstase nicht nur bei
den russischen Sektierern, sondern auch bei den Mitgliedern
der feinen Gesellschaft Deutschlands und Frankreichs nach=
zuweisen ist.

Als interessantes Beispiel können die Mucker von Königs=
berg ¹) angeführt werden. Dieser eigenartige Kreis ist am
Anfang unseres Jahrhunderts von zwei Geistlichen, Ebel
und Diestel, gegründet worden. Die Übungen waren äußerst
eigenartig. Die Beichte wurde den Männern von Frauen
abgenommen, wobei der Beichtende verpflichtet war, nicht
nur seine Thaten, sondern auch seine Gedanken zu erzählen.
Je ausführlicher und schamloser die Erzählung war, um so
mehr wurde er gelobt und Gott gepriesen, daß er das
Herz eines Verstockten erweicht hätte. Bei den Versamm=
lungen der Gemeinde war ein beständiges Küssen und Um=
armen üblich; in Gegenwart eines Fremden trat dagegen
das zierlichste Zeremoniell ein. Wenn man hinzufügt, daß
von den Frauen viele jung, schön und geistreich waren, so
kann man sich vorstellen, was in der Sekte vorging. Ein
noch ärgeres Beispiel ist in der französischen Litteratur zu
finden. Im Buche Là-Bas von J. K. Huysmans ²) ist
eine ekelerregende Versammlung beschrieben, welche den Namen
„die schwarze Messe" führt. Die Messe wird in einer alten,
verlassenen Kapelle gelesen, aber nicht zu Ehren Gottes,

¹) Dr. O. Moll, Suggestion und Hypnotismus in der Völkerpsychologie. 1894. S. 391.
²) Paris. 1896.

sondern des Teufels. Das Hochamt celebriert ein Priester, welcher für seine Laster Amt und Würden verloren hat. In dem Ritual sind aber so obscöne Handlungen eingeflochten, daß die ganze Gesellschaft in die höchste erotische Extase gerät.

Derartige Thaten können vom strafrechtlichen Standpunkt nicht als indifferent angesehen werden, ich glaube aber kaum, daß sie im Strafgesetzbuch Deutschlands vorgesehen sind, denn der § 168 hat hauptsächlich die Beschimpfung der Kirche im Auge, der § 360 pct. 11 aber eine Übertretung zum Gegenstande. Blos der § 203 des russischen Strafgesetzbuches trifft den Nagel auf den Kopf. Deshalb ist der Paragraph im Projekt des neuen russischen Strafgesetzbuches beibehalten worden.

Die Skopzi.

Die Skopzi oder Eunuchen sind eine Sekte, welche aus den Geißlern entstanden ist. Die letzteren sind nach ihren Prinzipien Asketen, de facto aber eine Gemeinde un= moralischer Menschen. Da die Unzucht bei ihnen zu stark überhandnahm, so bildete sich ein Kreis von Fanatikern, welcher nicht nur den Asketismus als Dogma aufstellte, sondern auch ein sehr radikales Mittel angab, allen Aus= schweifungen ein Ende zu machen. Dieses Mittel ist die Verstümmelung von Mann und Weib. Die Idee der Kastration ist keine neue. Im Orient werden Eunuchen als Haremswächter benutzt; in der päpstlichen Kapelle zu Rom gab es in früherer Zeit Sänger, welche kastriert wurden, um ihre hohen Stimmen zu erhalten. In beiden Fällen hatte die Kastrierung einen praktischen Zweck im Auge. Die russischen Sektierer wenden sie aber aus reinem Fana= tismus an, indem sie fest überzeugt sind, daß es zur Rettung ihrer Seele aus den Krallen des Teufels notwendig ist. Trotzdem eine derartige Lehre jeden normalen Menschen geradezu abstoßen muß, so hat sie dennoch viele Anhänger gefunden, und die Gemeinden der Skopzen sind über ganz

Rußland verbreitet. Die Regierung bekämpft das Skopzentum mit allen Mitteln, welche ihr zu Gebote stehen. Im Strafgesetzbuch ist die Kastrierung anderer mit Zwangsarbeiten (Katorga), die Selbstverstümmelung und die Zugehörigkeit zur Sekte mit Deportation nach dem östlichen Sibirien bedroht. Dennoch ist in der Entwickelung der Sekte kein Stillstand zu bemerken. Deshalb ist es für jeden Justizbeamten notwendig, über Leben und Treiben dieser Fanatiker genau informiert zu sein.

Zum Studium dieser Frage ist genug Material vorhanden, weil aus den Akten der zahlreichen Prozesse manche interessante Daten zu entnehmen sind. Außerdem ist die Litteratur ziemlich reichhaltig, und in dem bereits erwähnten Werke von Pelikan haben wir ein Buch, welches in seiner Art vielleicht einzig dasteht.

Von den größeren Prozessen müssen folgende erwähnt werden. Der umfangreichste von ihnen kam im Jahre 1876 im Gouvernement Simferopol zur Verhandlung. Auf der Anklagebank saßen 136 Personen; die meisten von ihnen standen im Alter von 30—35 Jahren, neben ihnen saßen Greise, Jünglinge und sogar Kinder. Es waren auch mehrere sogenannte „geistige Skopzen" vertreten. Mit diesem Namen werden Menschen bezeichnet, welche sich für willensstark genug halten, um jeden Verkehr mit dem Weibe zu meiden, ohne sich verstümmeln zu lassen. Derartige Skopzen können, laut Beschluß des Senats, nur dann zur Verantwortung gezogen werden, falls sie für die Sekte Propaganda machen. Dieser Beschluß ist unbedingt richtig und gerecht, denn die Askese an sich kann natürlich nicht für eine strafbare Handlung erklärt werden.

Der zweitgrößte Prozeß ist im Jahre 1868 gegen den Millionär Plotizin geführt worden. Der Hauptangeklagte lebte in der Stadt Morschansk, im Gouvernement Tamboff, und hatte durch seinen Reichtum einen ungeheuren Einfluß in der Umgegend. Er selbst war nicht kastriert, wohl aber die vielen Männer und Weiber, welche in seinem Hause wohnten.

Im Moskauer Prozeß (1871) gegen die Brüder Kudrin waren 24 Angeklagte; im St. Peterburger Gericht wurden im Jahre 1870 sogar 58 Esthen für die Zugehörigkeit zum Skopzentum verurteilt. Aus dieser Thatsache ist zu ersehen, daß nicht nur Orthodoxe, sondern auch Lutheraner dieser Sekte beitreten.

Das sind die größten Prozesse, kleinere sind aber in vielen Städten des Reiches entstanden. Nach der Meinung von Pelikan sind die Skopzen am meisten verbreitet in den Gouvernements St. Petersburg, Kursk und Orel. Dann kommen Moskau, Tamboff, Simferopol und Bess= arabien. Eine solche Ausbreitung der Sekte ist eine direkte Folge ihrer Organisation und ihrer Lehre. Die Geißler zerfallen in eine Masse von „Schiffen“, welche blos ihre eigenen Propheten anerkennen; Dank einer solchen Dezentrali= sation ist die Entwickelung der Sekte eine schwache und die Zahl der Angeklagten eine sehr geringe. Die Skopzen da= gegen behaupten, Gott ist zweimal zu den Menschen nieder= gestiegen. Das erste Mal in der Person Jesu Christi, das zweite Mal in der Person eines gewissen Seliwanoff, welcher ihre Sekte gegründet hat. Diesen letzteren beten sie an, und seine Gesetze werden von allen ihren Schiffen ge= nau beachtet. Auf diese Weise stehen die Skopzengemeinden

3

mit einander in enger Verbindung und unterſtützen ſich be-
ſtändig. Eine ſolche Hülfe iſt notwendig, denn die Propaganda wird auf die rückſichtsloſeſte Weiſe geführt. Die
Predigt ſpielt in dieſer Hinſicht gar keine Rolle, wohl aber
das Geld, die Liſt und die Gewalt. Es ſind Fälle konſtatiert
worden, in denen Leute ſich für eine beſtimmte Summe
Geldes kaſtrieren ließen. Kaufleute ſind durch die Skopzen
in gewagte Spekulationen hineingezogen worden, um ſie zu
zwingen, der Sekte beizutreten. Das ſchauderhafteſte Mittel
der Propaganda iſt aber die Verſtümmelung der Kinder.
Die Häupter der einzelnen Gemeinden ſind verpflichtet,
Familien aufzufinden, welche bereit ſind, ihre Kinder zur
Lehre in eine große Stadt abzugeben. Falls die Eltern
einwilligen, dann iſt ihr Kind verloren. Es wird dem Boten
übergeben, welcher den Verkehr zwiſchen den Gemeinden ver-
mittelt, und nach der Hauptſtadt gebracht. Einmal im
Jahr bringt der Bote den Eltern Geld und Grüße, der
Knabe aber wird ihnen entfremdet, in die Gemeinde der
Sektierer hineingezogen und verſtümmelt.

Die Regierung kennt dieſe Schliche ganz genau. In-
folgedeſſen iſt es den Skopzen ſtreng verboten, fremde Kinder
zu ſich ins Haus zu nehmen. (§ 61 des Statuts zur Ver-
hütung ſtrafbarer Handlungen.)

Wenn wir von der Organiſation und den Grundlehren
der Sekte zu den Beweiſen übergehen, welche in einem
Skopzen=Prozeß vorhanden ſind, ſo müſſen die wichtigſten
natürlich in der Perſon der Angeklagten gefunden werden.

Der richtige Skopze iſt kaſtriert. Entweder ſind ihm
die Hoden weggeſchnitten oder auch der Penis. Bei Frauen
iſt die Verſtümmelung nicht ſo arg. Um ſie vollſtändig

steril zu machen, ist die Entfernung der Eierstöcke notwendig.
Eine so komplizierte Operation kann aber ein roher Bauer
nicht übernehmen; daher begnügen sich die Skopzen mit
Einschnitten an den Schamlippen und an den Brustwarzen,
denn sie glauben, die Reizbarkeit des Organismus auf diese
Weise zu vermindern.

In neuerer Zeit ist die Kastration der Männer auf
schlauere Art vorgenommen worden. Die Hoden werden
nicht abgeschnitten, sondern auf künstlichen Wegen atrophiert,
indem die Operateure die Samenkanäle durch Stiche oder
durch systematische Anziehung des Hodensackes verletzen.
Eine solche Behandlung dauert oft wochenlang, erreicht aber
denselben Zweck, wie der radikale Schnitt. Außerdem hat
die neue Methode den Vorteil für den Angeklagten, daß
sie die Arbeit des Physikus und Untersuchungsrichters äußerst
erschwert. Bei Entfernung des Gliedes und der Hoden ist jeder
Zweifel ausgeschlossen, daß der Angeklagte verstümmelt worden
ist; daß aber das Atrophieren der Hoden auf künstlichem Wege
hervorgerufen wurde, ist garnicht so leicht zu konstatieren.

Eine so furchtbare Verstümmelung wie die Kastrierung
hat natürlich einen zerstörenden Einfluß auf den Organis=
mus des Menschen, namentlich bei den Männern. Die
Muskeln werden schlaff, und es tritt eine vollständige Ent=
kräftung ein; falls aber die Kastrierung an einem Kinde
vorgenommen wurde, so ändert sich sogar der Knochenbau.
Daher kann man die Kastraten ziemlich leicht an ihrem
bartlosen, aufgedunsenen Gesicht und ihrer widerlich hohen
Stimme erkennen. Der Beschäftigung nach sind sie gewöhn=
lich Wechsler und Bandfabrikanten, weil ihre Konstitution
ihnen die schwere Arbeit unmöglich macht.

3*

Die Skopzenprozesse haben für den Kriminalisten ein besonderes Interesse, indem sie deutlich beweisen, wie wichtig es ist, durch Studium der alten Akten gewisse Erfahrungen zu sammeln, um die Verteidigungsmethode der Angeklagten würdigen zu können. Die Skopzen haben sich nämlich ein ganzes System der Lüge konstruiert. Sie bestreiten stets, wenn ihnen die Kastrierung der anderen zur Schuld gelegt wird, 1. weil sie sich selbst von den Zwangsarbeiten in den Bergwerken Sibiriens retten müssen, und 2. um die Häupter der Gemeinden zu schützen. Diese letzteren Personen werden auf jeden Fall herausgelogen, denn sonst könnte die weitere Entwickelung der Sekte gehemmt werden. Wenn die eigene Verstümmelung nicht zu negieren ist, dann gestehen die Angeklagten, daß sie zur Gemeinde gehören; über die näheren Umstände, welche ihre Kastrierung begleitet haben, erzählen sie die schauderhaftesten Lügen. Da sich diese Aussagen beständig wiederholten, so wurde in dem alten Strafprozeß, welcher vor dem Jahre 1864 Gültigkeit hatte, folgender Paragraph aufgenommen: Es wird den Aussagen der Skopzen kein Wert beigelegt, wenn sie behaupten: „1. daß sie von unbekannten Leuten kastriert wurden oder von Leuten, welche bereits gestorben sind; 2. daß sie kastriert wurden während des Schlafes oder in so jungen Jahren, daß sie nicht wissen, wer diese That begangen hat, wann das Unglück geschehen und daß sie bei der Operation keine Schmerzen gefühlt haben; 3. daß sie ihre Glieder durch einen Schlag oder eine Krankheit verloren haben."

Jetzt hat die Theorie der formellen Beweise in Rußland keine Gültigkeit, aber der angeführte § 588 hat für den Untersuchungsrichter ein gewisses Interesse bewahrt. Jede

von den Aussagen der Skopzen, welche in ihm erwähnt
wird, ist seiner Zeit genau studiert worden, und wenn die=
selbe für eine Lüge erkannt worden ist, so kann man sich
auch künftig an diesen Schluß halten.

Nun müssen wir aber noch eine Erfindung der Skopzen
besprechen, welche wert ist, in der Litteratur erhalten zu
werden. Wir meinen die freiwilligen Geständnisse, welche
sie von Zeit zu Zeit ablegen. Das geschieht auf folgende
Weise. Im Polizeibureau oder beim Untersuchungsrichter
erscheint ein Kastrat und gesteht reumütig, daß er viele
Menschen verstümmelt hat. Nun wird die Untersuchung
eingeleitet, der Angelagte macht eine ausführliche Aussage
und giebt dem Richter eine ganze Reihe von Personen an,
welche durch ihn wider ihren Willen unglücklich geworden
sind. Die angegebenen Personen werden zitiert und erkennen
in dem Arrestanten den Menschen, welcher sie verstümmelt,
nachdem er ihnen durch einen Schlaftrunk oder auf andere
Weise die Möglichkeit genommen, sich zur Wehr zu setzen.

Derartige Prozesse sind öfters insceniert worden. Im
Gericht zu Orel wurde eine Verhandlung geführt gegen einen
alten Soldaten, welcher die Kastrierung von 45 Personen
eingestanden hatte, im Gericht zu Charkoff wurde ein anderer
verurteilt, weil er die Kastrierung von 60 Personen auf
sich genommen; in einem Prozeß des Gerichts zu Kursk
war die Zahl der Opfer mit 106, in einem zweiten mit
114 angegeben.

Jeder vernünftig denkende Mensch muß einsehen, daß
derartige Selbstanklagen mit der Wahrheit nichts zu thun
haben. Es ist ein geschicktes Manöver, um die Leiter der
Sekte zu schützen. Das Schwert des Gesetzes trifft den

armen Teufel, welcher für Geld und gute Worte die Schuld
anderer auf sich genommen. Der Hauptschuldige entschlüpft
den Händen des Richters und arbeitet weiter an der Ver=
größerung der Sekte. In Anbetracht einer solchen Reihe
von Thatsachen halten wir uns für berechtigt, den Schluß
zu machen, daß von allen fanatischen Sekten die Skopzen
die gefährlichste ist. Wenn bei den Verneinern nach vielen
Jahren wieder einmal ein Massenmord geschieht, dann ist
das ganze Land aufgebracht, und den Schuldigen trifft stets
das Schwert des Gesetzes. Durch die Skopzen werden aber
jedes Jahr Hunderte von Menschen verstümmelt, aber wie
selten ereilt den Verbrecher die gerechte Strafe.

Hiermit schließen wir unsere Arbeit, welche natürlich
keinen Anspruch haben konnte auf eine ausführliche Be=
handlung des Themas. Aber die angeführten Thatsachen
und Prozesse können die Bedeutung des Fanatismus als
Faktor des Verbrechens genügend feststellen.

Wenn wir jetzt fragen würden, wie hat sich der Richter
diesen Verbrechen gegenüber zu benehmen, so würden wir
ohne Schwanken antworten: seine Pflicht thun, denn „kein
Verbrechen läßt sich durch religiöse Irrlehren entschuldigen".
Die Regierung dagegen, welche für die öffentliche Sicherheit
und Vorbeugung der Verbrechen zu sorgen hat, darf nicht
vergessen, daß die Bildung des Volkes das einzige Mittel
ist, welches imstande ist, dem Fanatismus einen Damm
entgegenzusetzen. „Licht, mehr Licht" muß in die dunklen
Volksmassen hineingebracht werden.

Aberglaube und Strafrecht.

Ein Beitrag zur Erforschung des Einflusses der Volksanschauungen auf die Verübung von Verbrechen.

Von

August Löwenstimm.

Gehilfe des Juristonsults im Justizministerium zu Petersburg.

Mit einem Vorwort

von

Dr. J. Kohler,

Professor an der Universität zu Berlin.

Preis Mk. 2.50.

Aus den Urteilen der Presse:

Archiv für Strafrecht, Bd. IX, Heft 5:

Es giebt wohl keinen mit der Praxis vertrauten Richter, der nicht in seiner amtlichen Thätigkeit mehr oder weniger häufig auf Aberglauben gestoßen und einen inneren Zusammenhang desselben mit der Verübung strafbarer Handlungen wahrgenommen hat. Selbst in den der höchsten Kultur erschlossenen Ländern werden Beobachtungen dieser Art gemacht, und wenn auch der Aberglaube sein Unwesen hauptsächlich in den unteren Schichten der Bevölkerung treibt, so greift er doch auch infolge des dem Menschen eigenen Hanges an das Uebersinnliche und Mystische bis in höhere Kreise hinein, sei es in der Form der Wahrsagung und des Glaubens an den Blick in die Zukunft, oder des Spiritismus u. dergl. Allerdings hat man mit Rücksicht auf den Fortschritt, den die allgemeine Bildung gemacht, davon Abstand genommen, dem Aberglauben eine Einwirkung auf die Normen der Strafgesetzbücher einzuräumen und hat die bezüglichen Vorschriften früherer Zeiten fast ganz aus dem Kreise des Strafrechts verbannt. Allein gerade dies hält der Verf. für fehlerhaft und bekämpft dieses Ignorieren des Aberglaubens und seiner Wirkung in der Strafgesetzung. Er hat zu dem Ende eine in hohem Grade interessante und voller Beachtung würdige Arbeit geliefert, in der er die — namentlich in Rußland und Deutschland — noch jetzt am häufigsten auftretenden Formen des Aberglaubens gesammelt, dargestellt und ihren Zusammenhang mit der Verübung von Verbrechen nachgewiesen hat. Er hat dabei zwischen den Fällen unterschieden, in denen der Aberglaube Grund und Anlaß zur deliktischen Handlung war, und denjenigen, bei denen er nur als Mittel zur Deliktsbegehung diente, z. B. zur Ausübung des dem Aberglauben Ergebenen benutzt wurde. Indem Verf. die gänzliche Ausrottung des Aberglaubens nur von Religion und Schule erhofft, geht er auf die Quellen zurück, aus welchen er entsprungen, und findet unter ihnen auch die Gesetzgebung in verschiedenen rigorosen, z. B. gegen Selbstmörder gerichteten Bestimmungen, und die katholische Religion in mancherlei Einrichtungen und Gebräuchen, wie z. B. in den Anordnungen zur Austreibung des Teufels. Für jetzt verlangt er aber ein Eingreifen der Gesetzgebung zum mindesten dahin, daß der Strafrichter verpflichtet werde, bei Abmessung der Strafe ebenso wie die Motive des Thäters auch die Mitwirkung des Aberglaubens zu berücksichtigen, und müsse sich deshalb der Richter sowohl mit den allgemein verbreiteten, wie mit den nur in einzelnen Provinzen oder Ortschaften vorkommenden Sätzen des Aberglaubens bekannt machen. Ihm diese Bekanntschaft zu erleichtern, dazu soll seine Zusammenstellung dienen. Daß auch der Richter aus dem Buche mancherlei Anregung für sein amtliches Wirken schöpfen kann und Belehrung findet für die Behandlung des auf Aberglauben gestützten Thuns, ist nicht in Abrede zu stellen, und ist schon deshalb das Buch als eine hervorragende und empfehlenswerte Erscheinung in der juristischen Literatur zu bezeichnen.

Kritische Vierteljahrsschrift, 3. F., Bd. IV, H. 2:

Welche Stellung ist dem Aberglauben im Strafrecht anzuweisen? Die naheliegende Auffassung desselben als Strafausschließungsgrund, etwa wie Trunkenheit, Irrsinn oder eine andere, die freie Willensbestimmung — wenn auch nur vorübergehend — ausschließende Erscheinung, wird vom Verf. durch die betreffenden Hinweis widerlegt, daß alle abergläubischen Vergehungen bei voller Geistesfrische projektiert und ausgeführt werden. Immerhin kann jedoch eine erhöhte Erregung infolge des Aberglaubens nicht ganz verneint werden und nur dem Einflusse dieses Wahnes ist es zuzuschreiben, daß sich sonst unbescholtene Personen zur beabsichtigten Begehung der schwersten Verbrechen hinreißen lassen. Dieser Gesichtspunkt führt den Verf. zur Auffassung des Aberglaubens als Strafmilderungsgrund für den Thäter, der unter diesem Banne gehandelt, als Strafverschärfungsgrund hingegen für denjenigen, der sich den Aberglauben anderer zunutze gemacht hat.

Literarische Mitteilungen für Juristen und Verwaltungsbeamte, 1897, Nr. 516:

Verf. will eine Lücke in der bisherigen Strafrechtswissenschaft ausfüllen, die seiner Ansicht nach — gewiß mit Recht — in der Nichtbeachtung des Volksaberglaubens als Triebfeder vieler Verbrechen liegt. Der sehr gewandt geschriebenen, auch ethnographisch sehr interessanten Broschüre ist eine große Verbreitung und Stellungnahme unserer Autoritäten zu dieser schwierigen Frage zu wünschen. Die Aufgabe, die sich Verf. gestellt hat, ist ebenso verlockend als schwierig. Denn es läßt sich nicht verkennen, daß die Grenzlinien jener dunklen seelischen Regungen, welche so vielfach Denken und Handeln, also auch das strafrechtliche Handeln der Menschen bestimmen, sehr schwer zu fixieren sind. Die Dialektik des Verf. ist glänzend. Die Abhandlung ist von einem geistreichen Vorwort der Berliner Prof. J. Kohler begleitet.

Zeitschrift für Sozialwissenschaft, 1898, H. 1:

Des Neue, was der Verf. bietet, ist qualitativ recht wertvoll. Das „Erschlagen der Cholera" in einem alten Weibe knüpft an uralte griechische Mythensagen an. Ein Menschenopfer in uraltem Sinne ist bei den Samojeden unserer Zeit durch Gerichtserhebungen nachgewiesen. Das „Umpflügen" der Ortschaften gegen Seuchenangriffe und manches andere bildet eine wertvolle Bereicherung unserer Kenntnisse. Wie gefahrvoll für unsere Gesellschaftsordnung die Aeußerungen des „Aberglaubens" werden können, das zu zeigen, wird dem Verf. nicht schwer; ganz richtig führt er aus, wie indeß der Aberglauben nicht als das Motiv der ungesetzlichen Handlungen, sondern als eine bis zu einem Grade zwingende Disposition des Individuums zu betrachten ist. Das Wichtigste scheint allerdings die zum Schlusse erörterte Frage nach der Beseitigung dieser gefährlichen Disposition, nach der Ausscheidung derselben aus der damaligen Gesellschaft. Daß dabei Volksunterweisung das wesentlichste sei, erkennt man auch in Rußland an; mutet man aber auch hier ihren Erfolgen nicht allzu viel zu? Was heute allen „Aberglauben" kennzeichnet, ist, wie das Vorwort ganz treffend sagt, das „Animistische" — oder „Dämonistische" — in den versuchten Erklärungen der Erscheinungen im Gegensatze zum physikalischen Causalismus. Beide Prinzipien ringen auf vielen Gebieten des Erkennens miteinander, und es ist gewiß richtig, daß die Ausbreitung des letzteren in der Denkweise des Volkes dem ersteren allmählich immer mehr an Boden entziehe; das ist dann in dem Grade gesellschaftlich nützlich, in welchem der Aberglaube sich schädlich erweist. Wird es aber jemals zu einem völligen Siege des einen Prinzipes an sich wegen seiner irreleitenden Schlußfolgerungen, die in vielen Fällen gesellschaftsgefährlich wirken, aus dem Denkkreise eines fortgeschrittenen Kulturvolkes gänzlich ausscheiden? Das muß am Schlusse unseres Jahrh. noch mehr be-

zweifelt werden als an dem des vorigen. Angesichts der täglichen
Erfahrung dürfen wir uns nicht täuschen, daß nicht nur die sogen.
„Volksanschauungen", sondern die unserer „Gesellschaft" überhaupt
— selbst die wichtigsten Materien nicht ausgeschlossen — einem Gewebe gleichen, in welchem das eine Prinzip die Kette, das andere
den Einschlag bildet. Daß die beiden Gewebfäden an sich so gegen-
sätzlich sind, giebt dem Gewebe jenen interessanten Schiller, an dem
sich die Menge erfreut. Auch diese Erscheinung ist ein Ergebnis
historischer Entwickelung. Man wird darum den Standpunkt des
Praktikers billigen, den Aberglauben, auch ohne ihn bei der Wurzel
zu fassen, in jenen Formen aufzusuchen und zu bekämpfen, in denen
er gesellschaftsgefährlich erscheint. Ist dann eine Kenntnis in dem
vorliegenden Buche zunächst auch als ein notwendiges Rüstzeug
einer gerechten Strafrechtspflege gedacht, so sichert demselben doch
auch ein höherer Standpunkt unser Interesse.   J. Lippert.

Soziale Praxis, VII. Jahrg., Nr. 6:

Der Verf., ein russischer Jurist, macht in dieser Studie auf
eine Lücke im Strafrecht aufmerksam, die durch Nichtbeachtung des
Einflusses entstanden ist, den der noch immer in allen Bevölkerungsschichten weitverbreitete Aberglaube auf das Denken und Handeln
zahlreicher Individuen ausübt. Neben dem juristischen besitzt diese
Studie aber auch ethnographischen Wert, weil sie eine Reihe er-
staunlicher Thatsachen und bemerkenswerter Prozesse aus aller
Herren Ländern mitteilt, die darlegen, wie tief noch immer der
finsterste, zu Verbrechen reizende Aberglaube in den Völkern wurzelt.

Zeitschrift des Vereins für Volkskunde, 1898, H. 1:

Herr Löwenstimm ist ein Jurist, der, im Justizministerium in
Petersburg angestellt, reichliche Gelegenheit hatte, den Einfluß des
Aberglaubens auf die Verübung von Verbrechen kennen zu lernen.
Er hat in diesem seinem Buche in 14 Kapiteln die verschiedenen
kriminalen Wirkungen abergläubiger Volksmeinungen behandelt:
Das Menschenopfer, das Umpflügen, Die Ermordung von Miß-
geburten, Zauberei und Behexung, Die peinliche Befragung des
Verbrechers, Die Vampyre und das Oeffnen von Gräbern, Die
Talismane, Der Falscheid, Die Volksmedizin, Diebstähle, Der Betrug,
Die Besessenheit, Unruhen zur Zeit von Epidemieen, Vermeintliche
Verbrechen. Zunächst sind es ihm bekannt gewordene Fälle aus
Rußland; Herr L. hat mit Recht sich nachzuweisen bestrebt, daß
jener verbrecherische Aberglaube keine Eigentümlichkeit der russischen
Völker ist, sondern sich in gleicher Art leider häufig genug auch
in Westeuropa, so auch in Deutschland findet. Es sind das, wie
Prof. Kohler in seinem beachtenswerten Vorwort ausspricht, düstere
Dinge, die in den innersten eingeborenen Instinkten der Menschen-
natur begründet sind, die durch die mühsam darüber gelegte Kultur-
haut oft mit vulkanischer Gewalt durchbrechen. Erziehung, Belehrung können hier allein helfen.

Kölnische Volkszeitung, Nr. 910:

Bezüglich der viel behaupteten jüdischen Ritualmorde glaubt der russische Gelehrte, daß die schon von den alten Vätern zurückgewiesene heidnische Beschuldigung, als gebrauchten die Christen Menschenblut beim Gottesdienste, später von der siegreichen christlichen Kirche auf die unschuldigen Juden übertragen worden sei. Wahrscheinlicher jedoch ist es, daß die Juden schon vor dem Auftreten der Apostel in Rom des Ritualmordes geziehen wurden und daß der Verdacht nachher auf die Christen ausgedehnt wurde, die man ja vielfach nur für eine Spielart der Juden hielt. In dem der Bekämpfung des Volksaberglaubens gewidmeten Schlußkapitel wird die Behauptung deutscher „Forscher", daß die Kirche den Wahnglauben fördere, um über ein dummes Volk herrschen zu können, mit dem Bemerken zurückgewiesen, daß die bezüglichen wissenschaftlichen Werke zur Zeit des Kulturkampfes geschrieben seien und sich durch Parteilichkeit gegen die Kirche auszeichneten.

Pester Lloyd, 1898, **Nr.** 57:

Der Verf., ein bekannter russischer Jurist, macht in dieser fesselnd geschriebenen Studie auf eine Lücke des Strafrechtes aufmerksam, die durch die Nichtbeachtung des Einflusses entstanden ist, den der noch immer in allen Bevölkerungsschichten weitverbreitete Aberglaube in seinen mannigfachen Erscheinungen auf das Denken und Handeln zahlreicher Individuen ausübt. Wer das zeitgenössische Volksleben in seiner Urwüchsigkeit kennen lernen will, der muß diese Studie lesen.

Gothaische Zeitung, Nr. 297:

Das Wertvolle an dem vorliegenden Buche besteht darin, daß es seine Belege nicht in ferner Vergangenheit, sondern in der lebendigen Gegenwart sucht. So wenig erfreulich es für uns, die Söhne des 19. Jahrh., auch ist, den Nachweis dafür zu erhalten, daß zahllose Verbrechen ihren Ursprung noch in dem finsteren Aberglauben finden — natürlich steht hier Rußland voran —, so interessant ist es doch, aus der juristischen Studie zugleich ein ungemein wertvolles Material für die Völkerpsychologie zu schöpfen. Die Darstellung ist leicht und gewandt, sodaß das Buch fast den Charakter einer Unterhaltungslektüre gewinnt. Und doch ist es wissenschaftlich um so wertvoller, als die Berührung des Aberglaubens mit dem Strafrecht ein Kapitel bildet, das noch viel zu wenig beachtet und behandelt worden ist.

Magdeburgische Zeitung, 1898, **Nr.** 179:

Eine hochinteressante Studie, die sowohl in juristischen Fachkreisen, als auch bei allen gebildeten Lesern Aufsehen erregen wird. Der Verf., Jurist von Fach, weist seine Berufsgenossen in Rußland und in Westeuropa auf eine Aufgabe juristischen und richterlichen

Studiums hin, die sie bisher stark vernachläßigt haben. Seine Abhandlung, aus der uns eine Fülle von Mitteilungen aus den verborgenen Winkeln der Volksseele und aus den finsteren Abgründen des Volkcharakters in Rußland und in Westeuropa entgegentritt, ist ein hervorragender Beitrag zur Volkskunde unserer östlichen Nachbarn und zur Völkerpsychologie überhaupt. Aus dieser Studie schöpft der Leser nicht nur ein Bild bisher ganz fremder oder doch nur wenigen Fachleuten bekannter russischer Rechtsverhältnisse, sondern auch eine Schilderung von verderblichen abergläubigen Anschauungen, Vorstellungen, Gebräuchen und Handlungen, von deren Existenz die an der Oberfläche der Gegenwart schwimmende Gesellschaft schwerlich eine Ahnung hat. Die Darstellung ist trotz des wissenschaftlichen Charakters des Buches leicht und flüssig und eine Menge von interessanten Prozessen, die in sie hineingeflochten sind, erhöhen den Reiz und die Spannung der Lektüre.

Berliner Gerichtszeitung, Nr. 195:

Der im Justizministerium zu St. Petersburg angestellte Verf. liefert uns mit dem Vorstehenden in dem gedachten Verlage in trefflicher Uebersetzung erschienenen Werkchen einen zunächst unter Zugrundelegung der russischen Verhältnisse für das russische, allgemein aber auch für unser sowie das Strafrecht aller Völker interessanten Beitrag zur Strafrechtspflege, der das anerkennende Vorwort Kohlers in vollstem Maße verdient. 2. kommt auf Grund sehr eingehender, auch an der Hand praktischer Fälle geprüfter Untersuchungen dahin, daß für Strafsachen der Aberglaube zwar kein Motiv, aber eine Aeußerung der Unwissenheit und Rohheit ist, und die abergläubischen Vorstellungen nicht nur von einzelnen Menschen, sondern von der Masse des Volkes für unstreitige Wahrheiten gehalten werden, daß daher der einzelne, der unter dem Banne dieser Anschauungen eine strafbare Handlung begeht, wegen des Einflusses dieses Aberglaubens und der sonstigen Umstände der That ein Recht auf besondere Nachsicht hat. Er empfiehlt, dem Beispiele der Verf. des Entwurfs eines schweizerischen Strafgesetzbuches zu folgen, das dem Gerichte ein beschränktes Recht überlassen würde, die Strafe herabzusetzen, ohne durch die im Gesetze angegebenen Fristen und die Art der Strafe beengt zu sein, wenn der Angeklagte ein Verbrechen aus Aberglauben verübt hat, und wegen des Motivs, durch das er sich bei Verübung der Strafthat hat leiten lassen, sowie wegen der übrigen Umstände der That Nachsicht verdient. Bei der durch die Neubearbeitung unserer Gesetze jetzt notwendig gewordenen Neuredaktion der Strafprozeß-Gesetze dürfte das vorliegende Werk manche Anregung geben und entschieden Berücksichtigung verdienen.

Weimar. — G. Uschmann.